AF319875

Appel aux hommes de bonne volonté

LA
SOLUTION DU PROBLÈME SOCIAL

PAR

GUSTAVE HUZAR

PARIS

L. LE CHEVALIER, ÉDITEUR

61, RUE DE RICHELIEU, 61

1874

PRÉFACE

Faisant partie de cette immense armée de citoyens aspirant au bien-être par le travail, n'ayant rien à gagner mais tout à perdre aux bouleversements, je me suis demandé avec terreur à la suite des désastres du pays, en présence de l'impossibilité où se trouvent les différents partis de fonder quoi que ce soit de stable, si tout espoir était perdu, si, emportés par la force des choses, nous n'avions plus qu'à nous laisser aller à la dérive. Mes recherches m'ont fait entrevoir la transformation prête à s'opérer dans la société française, métamorphose qui explique le désarroi des meilleurs esprits; et je viens dans cette brochure, donner un corps à de puissantes idées latentes depuis quatre-vingts ans, qui heureusement commencent à fermenter dans toutes les classes de la nation.

Puisse la lumière que je cherche à jeter sur elles les faire éclore! puissent-elles trouver des hommes de bonne volonté pour les appliquer, elles rendront à notre bien-aimée patrie, j'en ai la conviction profonde, sa grandeur morale et sa puissance matérielle un moment éclipsées, et lui permettront de reprendre dans le monde le grand rôle civilisateur que ses destinées lui réservent encore!

L'ORDRE MATÉRIEL

— Qu'est-ce que l'ordre ?

— Une idée absolue qui comprend tout à la fois l'ordre matériel et l'ordre moral.

L'ordre matériel n'engendre pas nécessairement l'ordre moral, mais l'ordre moral a pour conséquence directe l'ordre matériel.

— Qu'est-ce que l'ordre matériel ?

— C'est l'ordre dans la rue, l'impossibilité ou tout au moins l'innocuité de l'émeute.

— Comment maintenir l'ordre matériel ?

— Par deux moyens d'une efficacité certaine, que les gouvernements précédents n'ont su concevoir, que les partis qui divisent la France n'osent promettre de réaliser.

1° MAINTIEN DES POUVOIRS LÉGISLATIF ET EXÉCUTIF HORS DE PARIS

Le peuple français est le mélange et le résumé de toutes les races conquérantes, qui pendant dix siècles se sont ruées sur l'empire romain. Allemands, Francs, Visigoths, Vandales, Suèves, Saxons, Burgondes, Huns, Normands, Arabes, toutes ces races barbares ont pendant mille ans foulé, ravagé le pays et s'y sont successivement broyées.

Grâce à cette suite d'envahissements, grâce à la lutte pour la suprématie entre les nations conquérantes, grâce à son caractère, la race gauloise loin de s'abâtardir, loin de s'étioler par la sélection et la domination, comme cela eut lieu pour la plupart des autres nations autochtones subjuguées, ne fit qu'acquérir un ressort nouveau provenant des infusions successives d'un sang plus généreux.

C'est ce qui permet de comprendre l'importance sitôt prise par les communes, l'appui qu'elles donnèrent à la royauté pour écraser les grands feudataires, la facilité relative avec laquelle Richelieu et Mazarin dominèrent la noblesse domptée enfin par Louis XIV.

C'est ce qui explique la Révolution de 89, l'épopée impériale, la grandeur de la lutte de 1814-1815, l'énergie déployée par le pays dans la dernière guerre, l'héroïque folie de 1870-1871; c'est ce qui explique l'esprit guerrier de notre race, l'âpreté de nos guerres religieuses et civiles; c'est là enfin ce qui explique l'immense amour, l'immense besoin d'égalité répandus dans le peuple français.

Est-il possible en présence d'une pareille nation, chez laquelle conception et exécution ne font qu'un, en présence de quatre partis rivaux également ardents, persuadés que de leur avènement au pouvoir datera la régénération du pays, lorsque la plupart des hommes qui les composent attendent de leur dévouement à la cause qu'ils soutiennent une place qui pour eux est une nécessité; est-il possible de laisser le siége du gouvernement dans une fournaise comme la ville de Paris?

N'est-il pas évident qu'à Paris aucun gouvernement ne peut faire une amélioration ni un progrès? qu'il est toujours sous la pression de l'insurrection? qu'en présence de trente mille gredins avérés, en rupture de ban, toujours à Paris, les craintes d'une émeute sont la préoccupation constante des honnêtes gens?

N'est-il pas évident que le gouvernement ne peut acquérir aucune stabilité? qu'il est toujours à la merci d'une grève concomittante avec une faute politique?

N'est-il pas évident que si le siége du gouvernement n'eût pas été à Paris le mouvement de 1848 n'aboutissait pas? qu'en 1870 nous n'étions pas les tristes témoins des défaillances criminelles de certains généraux, et que la nation vaincue obtenait une paix honorable? L'Empire s'effondrait sous le poids de ses fautes, mais la France n'était pas écrasée.

En présence de l'esprit militant du peuple français, de son besoin d'action, le séjour du gouvernement à Paris au milieu d'une agglomération de partis, d'intérêts, d'ambitions si diverses et d'une pareille quantité de scélérats, est une absurdité, un danger imminent. Le siége du gouvernement hors de la capitale, cette grande mesure de sagesse nous protége depuis trois ans; elle a fait ses preuves. Sans elle le pays serait en pleine anarchie; aussi doit-elle être impérieusement conservée par tous les gouvernements appelés à se succéder. Aucun d'eux ne pourrait à Paris résister aux assauts des partis adverses; aucun d'eux ne pourrait même assurer l'ordre matériel, l'ordre dans la rue.

Les chefs du parti républicain, en repoussant cette loi de salut public, ont commis une faute immense; ils contribuent à faire rejeter la République par une notable portion des classes éclairées, qui ne voient en eux que des avocats imbus de procédure, adaptant à la politique l'adage du palais, « la forme emporte le fond ».

La République n'est pas une panacée; comme toutes les autres formes gouvernementales, elle ne peut vivre que dans certaines conditions; la première de toutes, c'est d'avoir l'existence assurée contre les insurrections et les coups d'État; le moyen pratique est le maintien des pouvoirs législatif et exécutif hors de Paris.

2° DÉPORTATION DES MALFAITEURS

La statistique de 1868, imprimée en 1870, constate que *trois cent cinquante et un mille deux cent soixante-quinze individus* condamnés pour crimes et délits de droit commun sont entrés dans une prison pour y rester depuis quelques heures jusqu'à plusieurs années. La politique n'est pour rien dans ce chiffre, car en 1868 le nombre des crimes et délits contre le gouvernement impérial est relativement insignifiant.

La statistique d'autre part relate que *trois cent mille trois cent dix-huit individus* sont sortis de prison cette même année et ont été rendus à la société. Il s'en suit qu'une partie sensible de la population française passe par la prison, et forme au bout de quelques années une armée formidable de criminels.

De 1826 à 1852 les crimes ont *plus que triplé,* les délits ont *plus que quadruplé.*

Cette progression de crimes et délits de 1868 sur 1867 était de 9,806. L'année 1867 était elle-même en progression sur les années précédentes; ainsi l'armée des malfaiteurs, formidable déjà, s'augmente chaque année dans une proportion considérable.

Ce qui rend la situation plus périlleuse encore, c'est le nombre toujours croissant des récidivistes. Il est actuellement de 80 p. 100 pour les hommes, et de 48 p. 100 pour les femmes, et il résulte des comptes annuels de la justice criminelle, que sur 1,000 individus libérés des maisons centrales ou des pénitenciers agricoles, 260 femmes et 400 hommes sont repris et jugés dans l'année de la libération ou dans les deux années qui suivent.

Il résulte de ce qui précède que, tous les ans, la police reprend et la justice rejette en prison 200,000 récidivistes environ.

Quelle est la conséquence d'un pareil état de choses ?

Le gangrènement rapide et certain des basses classes des grandes villes au sein desquelles vit, se reproduit, se recrute l'immonde armée des malfaiteurs. En contact avec une population de 500,000 gredins au moins, gens tarés, sans aveu, ayant failli aux lois de la probité et de l'honneur, les basses classes perdent le peu de sens moral qui leur reste, danger permanent d'autant plus redoutable qu'au milieu des luttes de partis qui divisent la France, au milieu des haines des différentes classes les unes contre les autres, en présence des aspirations mal définies du prolétariat, une pareille armée doit à un moment donné peser dans nos luttes politiques.

N'a-t-elle pas déjà prouvé sa puissance redoutable en jetant sur le pavé de Paris pendant la Commune 30,000 scélérats fusillant les otages, incendiant nos maisons, nos palais, tandis que des Français ivres de passions politiques massacraient les héros de Borny, de Gravelotte, de Saint-Privat.

N'y a-t-il pas une preuve effroyable de la démoralisation des basses classes dans ce fait que, pendant les dernières et lugubres journées de l'insurrection, l'habit infamant du condamné était un certificat de civisme, et que de malheureux otages durent à ce déguisement d'échapper à la mort ?

N'est-il pas évident qu'au milieu des luttes sociales que l'avenir, hélas! nous réserve, la haine commune contre la société amènera fatalement des alliances immondes entre les bas-fonds de la populace et l'armée des malfaiteurs?

N'est-il pas évident que, dans une lutte avec l'étranger, cette armée de 500,000 malfaiteurs est toute acquise à nos ennemis? n'est-ce pas là qu'ils recruteront espions, délateurs, qui lui rendront encore, comme ils lui ont rendu déjà, la victoire facile?

Le nombre sans cesse croissant des récidivistes n'est-il pas la preuve palpable qu'une fois l'homme perverti, démoralisé, il ne peut plus se relever? n'est-il pas évident que le laisser au sein de la société, c'est y laisser croître et grandir le germe de toute dissolution?

Tous les partis ont un même intérêt à cautériser au fer rouge une pareille plaie sociale, le parti républicain plus que tout autre, car malfaiteurs et bandits se donnent actuellement pour républicains en attendant qu'ils puissent se donner pour royalistes, comme ils l'ont déjà fait en 1815 pendant la terreur blanche.

Le danger est imminent; il doit être conjuré à tout prix en présence des luttes intestines ou étrangères que sans solution du problème social l'avenir nous réserve, car dans une semblable situation, un peuple souillé d'éléments impurs comme un métal imprégné de scories perd toute cohésion, et les assauts de l'adversité doivent fatalement l'égrener, le pulvériser.

Un remède énergique, radical, peut seul nous sauver. Ce remède, c'est la déportation annuelle sans possibilité de retour de 20,000 ou 30,000 scélérats, mesure qui en dix années nettoierait le pays.

Question de premier ordre qu'il est déplorable de n'avoir vu ni soulever ni traiter par les hommes politiques des différents partis.

L'ORDRE MORAL

Quand est-ce qu'un peuple a l'ordre moral et par conséquent l'ordre matériel?

Lorsque l'ensemble de la législation de ce peuple est en harmonie avec son état moral, ses aspirations, ses besoins. Ce peuple est alors conservateur, il tient à conserver la forme gouvernementale qu'il possède, les lois et les institutions qui le régissent.

Faire qu'un peuple soit, reste ou devienne conservateur, doit être le but constant du gouvernement et de tous les citoyens sensés aimant leur pays.

Pourquoi la France depuis 89 est-elle en convulsion périodique tous les vingt ans ?

Parce que depuis 89 aucun des gouvernements qui se sont succédé n'a pu faire entrer dans la législation la formule complète: *Liberté-Égalité-Fraternité.*

Parce que les idées liberté, égalité, trouvent seules leur expression dans les lois qui nous régissent, que le principe fraternité, inscrit souvent sur nos monuments, n'est inscrit nulle part dans la loi, parce que nous possédons des lois libérales et égalitaires, mais que nous n'avons aucune loi fraternelle.

La formule *Liberté-Égalité-Fraternité*, léguée par nos pères, est une formule qui ne peut être scindée; les trois termes sont nécessaires pour assurer l'ordre absolu, c'est-à-dire l'ordre moral et matériel.

En effet, liberté sans égalité, sans fraternité, c'est le droit du plus fort, c'est la barbarie.

Égalité sans liberté, c'est le despotisme.

Liberté, égalité, sans fraternité , c'est la faculté pour le plus fort, pour le plus habile d'écraser le faible.

Ces vérités ont été parfaitement comprises des hommes de 89. Aussi nous ont-ils donné la formule complète, mais ils n'ont pas assuré l'ordre complet, absolu, parce qu'ils ne pouvaient réaliser par la législation que les deux premiers termes de la formule; quant au troisième terme, l'industrie n'était pas assez avancée pour imposer la nécessité d'une solution fraternelle, pour en permettre même l'application; ainsi, tandis que l'évolution politique préparée de longue main par l'élite de la société française réussissait pleinement en 89, l'évolution sociale était seulement conçue, la formule trouvée, mais l'application de cette formule se trouvait remise par la force des choses.

DÉVELOPPEMENT DE L'IDÉE SOCIALE DE 89 A 1873

Depuis 89 toutes les insurrections, toutes les émeutes que nous avons subies ont eu des causes politiques ou sociales; les premières dominent, les secondes apparaissent avec la fin de la Restauration, se développent pendant le règne de Louis-Philippe et la République de 1848. Dans les dernières années de l'Empire la question sociale passe à l'état aigu; non élucidée, non mûre, effrayante par son obscurité, elle se dresse plus impérieuse à la suite de chacune de nos commotions, et les classes aisées, sentant grandir les convoitises des classes inférieures, se rendant parfaitement compte que le problème social sans une solution précise met les basses classes entre les mains des utopistes, des intrigants, compromet tous les intérêts, conduit à l'anarchie, sont prises de peur, redoutent la République et se jettent dans la réaction.

Ainsi s'explique le coup d'État du 18 brumaire, favorablement accueilli par la bourgeoisie, consacrant les idées de liberté, d'égalité, repoussant l'idée de fraternité. A partir de cette époque, jusqu'en 1830, l'idée sociale est latente, les commotions purement politiques.

Les questions qui intéressent le pays pendant la première Restauration, les Cent-Jours, la seconde Restauration, sont la conservation de la nationalité et la sauvegarde des principes liberté, égalité, égalité surtout, dont le besoin est un des signes caractéristiques de notre race, principe que semble menacer le retour de la monarchie légitime.

La revendication des droits accordés par la charte et menacés par la royauté est la cause de la révolution de Juillet ; néanmoins quinze années de paix ont permis un grand essor à l'industrie ; aussi l'idée sociale commence-t-elle à se manifester inconsciente chez les républicains de 1830, qui revendiquent la formule complète : Liberté-Égalité-Fraternité. Les personnages politiques de cette époque, ne comprenant pas le principe fraternité, font aboutir le mouvement au régime constitutionnel bourgeois, et le baptisent : la meilleure des Républiques ; ils n'ont pas tort. Ne sachant comment tenir ce que promet la formule républicaine, ils se préoccupent uniquement d'en sauvegarder les deux premiers termes.

De 1830 à 1848 la France, en paix avec l'Europe, voit son industrie se développer, ses richesses s'accroître dans une proportion jusqu'alors inconnue, le bien-être des classes inférieures grandir, l'instruction se répandre, le niveau intellectuel s'élever, mais parallèlement aussi grandir l'idée sociale, conséquence du développement intellectuel de la nation ; à la fin du règne de Louis-Philippe, cette aspiration a fait de tels progrès, que, dès les premiers jours de Février qui est un mouvement politique, apparaît l'élément socialiste, et au cri de « Vive la Réforme ! » se mêle le cri de « Vive la République sociale ! »

Nous connaissons les tentatives avortées d'organisation qui se produisent sous le Gouvernement provisoire ; les chefs du mouvement ont indiqué la plaie, contribué puissamment à la chute du roi ; mais, impuissants à constituer quoi que ce soit de pratique, proposent quelques palliatifs ; le peuple, voyant l'incapacité de ses chefs, se jette dans la triste insurrection de Juin, terrible et inepte protestation de cette même idée sociale ; l'émeute est écrasée, et deux années plus tard l'Empire est acclamé par huit millions de suffrages.

C'est que pour les uns il représente l'ordre matériel et la consécration des deux premiers principes de la formule républicaine que soixante années ont rendus plus chers aux Français ; c'est que pour les autres il représente la revendication des bords du Rhin, la reconstitution de nos frontières, idées caressées par une notable partie de la population depuis 1815 ; pour d'autres enfin l'Empire représente non-seulement les idées ci-dessus exprimées, mais aussi un acheminement vers la solution du problème social : le prince passe pour socialiste.

Pendant la période impériale l'industrie prend un nouvel essor : la richesse est doublée ; elle arrive, en 1867 (Exposition universelle), à un épanouissement jusqu'alors inconnu ; mais en même temps l'instruction, l'intelligence, le bien-être des classes laborieuses sont en progrès, et la solution du problème social devient une nécessité.

L'empereur Napoléon III, ayant le sentiment de la situation, s'occupe des maisons d'ouvriers. (Il obtient une médaille à l'Exposition de 1867.) Son ministère soutient la loi sur les coalitions, laisse faire et favorise dans une certaine mesure l'association internationale, association purement socialiste au début ; aussi, malgré les haines accumulées par vingt années d'un régime dictatorial, malgré une politique extérieure déplorable (guerre d'Italie, guerre du Mexique, non-intervention à Sadowa), qui, en permettant à la Prusse un agrandissement inquiétant, rendent plus difficile la revendication de nos frontières ; malgré une liberté de presse illimitée pendant les derniers mois, malgré l'immense excitation soulevée par l'affaire Victor Noir, l'Empire obtient-il un quitus complet. Le plébiscite de 1870 voté par huit millions d'électeurs en est l'expression.

Pourquoi ce quitus après tant d'inimitiés soulevées tant de fautes commises ?

C'est que les inimitiés très-puissantes pour détruire, sont impuissantes à fonder : c'est que les fautes proviennent surtout de la politique extérieure ; c'est que quant à la politique intérieure les principes liberté, égalité ont été sauvegardés, et sont confirmés encore par les vingt années qui viennent de s'écouler ; c'est que certains efforts ont été tentés en faveur du troisième terme fraternité ; c'est qu'une révolution n'a pas de but, puisqu'aucun parti ne possède la solution du problème social.

Le pays qui en quatre-vingts années a vu crouler République, Empire, Monarchie constitutionnelle et de nouveau République, est devenu sceptique en matière de forme de gouvernement : il possède la liberté et l'égalité, son principe de prédilection ; l'Empire lui donnera certainement les bords du Rhin, car la revendication des frontières naturelles fait partie de sa raison d'être ; l'héritier de Napoléon Ier, auquel la France ne refuse rien, les lui doit... L'empereur de plus répond de l'ordre : Vive l'Empire !

Quelques mois plus tard l'Allemagne se rue sur la France et la terrasse ; la politique extérieure de l'Empire apparaît dans toute sa nullité ; les illusions que le pays s'était faites sur la capacité militaire du souverain, sur la valeur de sa diplomatie tombent, et, profondément irrités, les électeurs voient s'effondrer le gouvernement auquel ils accordaient quatre mois avant huit millions de suffrages, et laissent sans enthousiame ni malveillance proclamer la République.

La France épuisée demande et obtient enfin la paix.

Eclate alors l'insurrection de la Commune de Paris, mouvement à la fois politique et social ; chez les chefs du mouvement, absence complète de toute idée politique pratique et de toute idée sociale pratique : aussi la Commune, qui menaçait le 18 mars d'englober le pays entier, est-elle écrasée aux applaudissements de la nation.

L'ordre matériel est enfin rétabli. La France panse ses blessures et se remet au travail ; mais l'ordre moral est plus que jamais troublé, car la question sociale développée par l'Empire demande une solution.

Quatre partis rivaux également ardents sont en présence. La situation est d'autant plus tendue que la République, gouvernement indiqué par chaque nouvelle élection, laisse réfractaires beaucoup d'hommes éclairés ; nombre de citoyens pleins de bonne volonté, sans parti-pris, comprennent parfaitement qu'il y a des questions palliatives, auxiliaires, adjuvantes du problème social, d'une réalisation lente et difficile, qui ne peuvent être traitées que par les ouvriers eux-mêmes, ou tout à la fois par les ouvriers et les patrons, solutions qui, ne détruisant pas l'antagonisme des différentes classes de la société, ne permettent pas l'établissement de la République; qu'il y a en outre une question sociale : la métamorphose du prolétariat par la solidarité, dont la conséquence doit être de rendre le prolétariat conservateur, et la République possible.

Cette masse intelligente et désintéressée redoute la forme républicaine en présence du peu de valeur des chefs du parti avancé, prétendant qu'il n'y a pas *une question sociale, mais seulement des questions sociales*. Aussi le désordre moral est-il complet, le malaise général ; le pays manquant de direction pressent un cataclysme.

BILAN DU SENTIMENT PUBLIC EN 1873

La nation française demande impérieusement le repos et l'ordre qui lui permettront de cicatriser ses plaies ; elle veut par le développement de l'agriculture, du commerce, de l'industrie, reprendre dans le monde le rang qui lui appartient.

Elle tient aux principes de 89 : liberté, égalité, mais surtout au principe d'égalité.

Elle a le sentiment net et précis que la solution du problème social peut seule lui assurer l'ordre moral et matériel : elle comprend que toute forme gouvernementale qui ne possédera pas la solution du problème est un gouvernement mort-né.

Elle a vu en quatre-vingts ans se succéder neuf gouvernements, prétendant tous clore l'ère des révolutions; aussi est-elle profondément sceptique en matière de forme gouvernementale.

Si, d'un côté, le prolétariat a une préférence marquée pour la République, les classes aisées, sans être hostiles à cette forme, la redoutent, sentant que sans idées préconçues, sans un but social parfaitement déterminé, vigoureusement poursuivi par l'élite de la société, la forme républicaine laisse plus que toute autre la porte ouverte aux compétitions et aux intrigues.

Le besoin d'ordre et de repos domine tout, et le gouvernement fort qui, une fois établi, ne reniera pas les principes liberté, égalité, sera accepté, mais ne pourra compter que sur une durée éphé-

mère, car à peine la France sortira-t-elle de ses ruines, à peine
l'industrie, le commerce commenceront-ils à renaître, que se
dressera la question sociale, et derrière cette question 20 millions
d'habitants la soutenant en réclamant la solution.

La question qui commence à grandir en Russie, en Allemagne,
en Angleterre, en Amérique, mais qui est aujourd'hui en pleine
explosion en France, est une question de vie ou de mort. Ce n'est
ni une question politique, ni une question de dynastie, ni une
question de forme gouvernementale, c'est une question purement
sociale, et le tort des différents partis : monarchie, dictature, république, c'est leur profond aveuglement.

LA SOLUTION DU PROBLÈME SOCIAL PAR LA FRATERNITÉ IMPOSÉE A TOUTES LES FORMES DE GOUVERNEMENT

La stabilité du gouvernement est la conséquence de l'ordre
moral.

L'ordre moral qui fait actuellement défaut dépend de la solution
du problème social.

Le problème social est une question de législation.

La législation qui est libérale et égalitaire doit devenir fraternelle, car des lois de liberté et d'égalité ne peuvent exprimer le
dernier mot des besoins et des aspirations de l'esprit humain.

Ces lois régissent les végétaux et les animaux combattant, se
refoulant, s'écrasant pour conquérir leur place à la vie, leur libre
expansion à l'air et au soleil : ce sont les lois de l'humanité dans
l'enfance, les lois du paganisme ; mais la loi de l'humanité adulte,
la loi moderne, c'est la fraternité prêchée par le Christ, c'est l'idée
chrétienne, qui se développant peu à peu depuis dix-huit cents ans,
a fini par s'infiltrer dans nos mœurs, imprégner nos sentiments et
nos idées ; tandis que nos sentiments, nos idées, dépouillés successivement des langes du paganisme, s'épanouissent de plus en
plus aux splendeurs des vérités de la philosophie chrétienne, la
législation arriérée est restée païenne, l'expression pratique de
l'évolution accomplie n'a pas été traduite, la loi fraternelle qui la
résume n'a pas été formulée.

Cette nécessité de la fraternité dans la loi nous est imposée par le mouvement agricole, commercial, industriel, développé depuis 1815, par l'importance prise par le capital nécessaire pour alimenter ce mouvement, et par la grandeur même de ces gigantesques entreprises accomplies par l'homme, qui lui permettent de suivre sa destinée sur la terre, la conquête et la domination de la matière.

En même temps, en effet, que se réalisent les miracles industriels, que l'humanité s'élève, grandit, l'importance de l'homme dont l'intelligence est bornée, dont le capital est nul, l'importance du prolétaire diminue : sa situation s'amoindrit, et l'instruction plus développée qu'il reçoit lui permet de mieux apprécier son infériorité.

Sa situation matérielle s'est améliorée, sa valeur intrinsèque dans la société a diminué ; il sent la disproportion qui existe entre sa petitesse et le but atteint par les œuvres auxquelles il a coopéré ; la grandeur de ces œuvres l'écrase ; l'écart qui existe entre le prolétaire et l'homme fortuné, instruit, est trop grand ; l'effort à faire pour gagner le niveau supérieur est au-dessus de ses forces : de là envie, et partant haine de toute supériorité, de toute règle, de tout frein, de tout gouvernement, porte ouverte aux coups d'État, aux révolutions, aux cataclysmes : danger d'autant plus imminent que les classes éclairées, manquant de tout idéal social, de toute idée préconçue nette et précise pour guider et entraîner le prolétariat, sont plus sceptiques en matière de forme gouvernementale.

Si la France ne veut pas périr, elle est fatalement conduite à l'examen du problème social ; son sentiment religieux et philosophique l'y pousse, l'intérêt de la conservation l'y contraint : car la menace républicaine fraternité ou la mort ! est une vérité ; si la France ne déchiffre pas l'énigme, si elle ne trouve pas la solution, elle meurt.

En effet, sur une population de 38 millions d'habitants en France, 18 millions environ, propriétaires, rentiers, industriels, commerçants, sont directement intéressés à l'ordre, à la stabilité, mais 20 millions de prolétaires et de propriétaires infimes n'y ont qu'un intérêt secondaire. Si pour eux les perturbations, les bouleversements politiques sont une immense cause de souffrance, ils ne leur inspirent aucune répulsion, parce qu'ils espèrent que d'une crise passagère sortira pour eux une amélioration.

Il en résulte que, tant que la question sociale n'aura pas été résolue, la moitié de la population sera toujours disposée sinon à se lancer dans un mouvement qui emporterait le gouvernement établi, du moins à le favoriser de leurs vœux.

Il en résulte que le gouvernement établi quel qu'il soit ne peut commettre une seule faute sans se suicider (et quel gouvernement n'en commettra pas?) : car tous les incompris, tous les incapables, toutes les nullités peuvent alors lever la tête, agiter le pays avec leurs insanités, soulever même les pavés; ils savent que, derrière eux, les applaudissant, les soutenant, fondant sur eux leur espoir, se trouvent 20 millions de Français se disant : peut-être?... qui sait?...

Dans une pareille situation, sans solution du troisième terme fraternité, aucun parti ne peut maintenir la stabilité; la France entre fatalement dans l'ère des émeutes, des coups d'État, des prononciamentos; la guerre civile est à l'état latent; la nationalité en péril peut sombrer.

Que pourraient faire les différents gouvernements préconisés par les hommes de parti? comment pourraient-ils fonder et asseoir l'ordre?

La Monarchie légitime? Mais pour la majorité des Français, loin de favoriser la solution du problème social, elle représente la réaction contre les principes liberté, égalité, et surtout égalité, principe auquel le pays est profondément attaché.

La Monarchie constitutionnelle? Mais depuis quatre-vingts ans la France a possédé quatre monarques constitutionnels ; le premier est mort sur l'échafaud, les deux derniers sont morts en exil; et puis sur qui, sur quoi s'appuierait-elle?

La Dictature? Mais la France a eu deux dictateurs : le premier, homme de génie, lui a fait perdre les bords du Rhin, a été cause de deux invasions ; le second lui a fait perdre deux provinces à la suite d'une nouvelle invasion qui coûte cinq milliards : si d'ailleurs la France se décidait pour la dictature, trouverait-elle un dictateur animé de meilleures intentions que Napoléon III.

La République? Mais pour les masses qui possèdent liberté,

égalité, cette forme de gouvernement n'a d'autre signification que fraternité ; elle est fatalement vouée à la solution dn problème social, et plus que toute autre elle subira les assauts du prolétariat si elle n'arrive à résoudre la question.

SOLUTION DU PROBLÈME SOCIAL.

— Que faut-il faire?

— Résoudre le problème social.

— Comment?

— En forçant le prolétariat à devenir conservateur.

— Mais le moyen?

Serrons la question de plus près.

— Qu'est-ce qu'un conservateur?

— Un citoyen qui a intérêt à conserver.

— Pourquoi a-t-il intérêt à conserver?

— Parce qu'il peut perdre au désordre.

— Quand est-ce qu'un citoyen peut perdre au désordre?

— Lorsque la situation qu'il possède est assurée, réglée, et que l'anarchie peut mettre sa position en péril.

— Le jour où le sort des classes déshéritées, assuré, réglé, sera mis en péril par l'anarchie, ce jour-là les déshérités, les prolétaires seront conservateurs.

— Que faut-il donc faire?

— Lier l'intérêt de tous les citoyens au maintien du gouvernement, faire que l'ordre, la stabilité, l'accroissement de la richesse publique soient pour tous une question capitale ; pour cela, il faut qu'ils deviennent tous participants à la richesse publique ; que la plus ou moins grande richesse publique assure à tous un bien-être plus ou moins considérable ; il faut que la richesse publique, corollaire et conséquence de l'ordre, profite non-seulement à l'ensemble de la nation, mais à chaque individualité en particulier.

Le problème ainsi posé pourrait se résoudre facilement par une retraite civile, égale pour tous les citoyens, l'âge étant déterminé par les représentants de la nation et variant avec la richesse publique : la richesse publique plus ou moins grande permettant une dotation de retraite plus ou moins élevée.

La formule de la solution du problème social, le bon sens l'indique, c'est donc :

La retraite civile égale pour chaque citoyen, l'âge de la retraite fixé par les représentants de la nation ;

Abaissement de l'âge de la retraite et augmentation du quantum *en raison de la richesse publique.*

A cette solution capitale, qui relie directement les intérêts de tous les citoyens à la grandeur et à la richesse du pays, qui réconcilie les différentes classes de la société, se joignent les solutions annexes adjuvantes du problème social, idées d'assurance produites par M. de Girardin, d'association, de corporation, préconisées depuis trente ans, excellentes en ce qu'elles rattachent l'ouvrier au patron par l'association aux bénéfices, en ce qu'elles permettent aux sociétaires, coopérataires, pour les uns un salaire mieux rétribué, pour les autres uue vie à meilleur marché, des soins, des secours en cas de maladie, etc..... Mais ces idées annexes, auxiliaires seules, sans la retraite civile, sont complétement insuffisantes par la difficulté et la lenteur de leur réalisation, parce qu'elles ne peuvent jamais s'appliquer qu'à des individualité choisies, exceptionnellement intelligentes, qu'elles ne peuvent embrasser l'ensemble du prolétariat.

Ainsi idées d'assurance, d'association, de coopération reliées à l'idée principale de solidarisation générale ou de retraite civile égale pour chaque citoyen, tel est l'ensemble de la solution du problème social à laquelle ont intérêt tous les partis, le parti républicain plus que tout autre ; car mise en pratique par la monarchie constitutionnelle, par la dictature ou même par la monarchie légitime, l'avénement de la République pourrait en être singulièrement retardé.

Nous allons prouver que la solution du problème social par la retraite est nécessaire.

Qu'elle est suffisante.

Qu'elle est d'une réalisation simple, pratique.

Nous montrerons les résultats qu'elle est appelée à donner dans un temps déterminé.

Nous aurons ainsi prouvé la sagesse et l'efficacité de cette solution.

LA SOLUTION DU PROBLÈME SOCIAL PAR LA RETRAITE CIVILE EST NÉCESSAIRE

— Qu'est-ce que le prolétariat?

— Le régime intermédiaire entre le servage, qui était l'esclavage mitigé par l'idée chrétienne, et la solidarité, qui sera l'idée chrétienne réalisée.

La vie antique repose sur l'esclavage ; l'idée chrétienne paraît dans le monde, l'esclavage métamorphosé devient le servage, qui, ébranlé par le temps, déraciné par la philosophie du xviiie siècle, est enfin détruit par les principes de liberté et d'égalité proclamés par la Révolution française ; le serf devient prolétaire.

Le règne de l'intelligence commence ; à elle richesse, pouvoir, honneurs, l'aristocratie est détrônée ; mais l'intelligence dans la plénitude de la liberté, c'est le droit légal, si son intérêt l'y pousse, pour le plus habile d'abuser du faible, de l'écraser. Malheur aux faibles ! car plus l'intelligence est développée chez un peuple, plus le nombre des habiles est considérable, plus est vive la lutte pour arriver à la richesse, à la puissance, plus elle est âpre, plus aussi le faible peut être pressuré, car le faible c'est l'échelon, c'est la bête de somme qui permet à l'intelligent de s'élever ; la concurrence étrangère vient encore aggraver la situation ; de la haine du faible contre le fort, haine des classes inférieures du prolétariat qui est ou se croit exploité contre les classes supérieures ; haine contre le gouvernement qui permet un pareil état de choses ; haine contre tout ce qui est riche, grand, puissant ; le seul remède possible nécessaire, c'est d'une part l'association qui empêche l'exploitation, mais qui ne peut être employée que par les plus capables parmi les prolétaires, d'autre part *la retraite civile* qui, à un moment donné, vient compenser pour le faible ce que la nécessité ou la faiblesse de son esprit l'auront contraint d'abandonner.

Sans la solution du problème social par la retraite civile, le développement de l'industrie, l'accroissement de la richesse du pays sont des causes de perturbation, des causes d'instabilité ; plus l'industrie progresse, moins le prolétaire a intérêt à être conservateur, plus il devient démolisseur ; sa force physique n'est plus en rapport avec la grandeur des travaux entrepris, son intelligence n'a pas l'ampleur voulue pour lui permettre d'en comprendre l'ensemble et les détails ; il est dominé par l'œuvre industrielle et devient machine ; il sent sa dégradation, se désintéresse et devient haineux.

Examinons la question de plus près. Vis-à-vis d'une maison de paysan, le manœuvre qui a porté au maçon les matériaux avec lesquels la maison a été construite, jouit d'une importance au moins relative, c'est lui et non tel autre qui a rempli cette tâche ; il comprend le point de départ et le but à atteindre, les détails sont à la portée de son esprit, il domine son travail ; mais vis-à-vis d'une grande entreprise comme un chemin de fer, qu'est un simple ouvrier tâcheron, quand bien même il aurait passé sa vie à porter des matériaux ? Annihilé par la grandeur de l'œuvre qui n'est pas en rapport avec sa force physique, il est écrasé moralement, car son intelligence n'est pas assez développée pour lui permettre de saisir la conception générale et l'ensemble des moyens d'exécution. Il ne comprend pas ; le travail contrairement à son essence n'est plus pour lui une cause de moralisation.

La division du travail nécessitée par la grandeur des entreprises industrielles, par la concurrence, par le besoin de faire vite et à bon marché, réduit le prolétaire au rôle d'un outil ; l'œuvre à laquelle il coopère, qui fait partie de la grandeur, de la richesse du pays, n'a pour lui aucun intérêt.

Tandis que s'élèvent ces être moraux, sociétés industrielles, commerciales, financières, causes de force et de puissance pour la nation, la situation morale du prolétaire diminue, le sentiment de son infériorité devient plus vif, le désir naturel d'un changement plus ardent ; or, ce changement il ne l'espère, ne l'attend que d'un bouleversement politique.

Le péril est d'autant plus grand, la crise plus imminente, que les principes liberté, égalité, en lui donnant une plus large part à

la vie politique, lui ont donné une plus grande force de destruction.

Ainsi s'accroissent, s'enveniment chaque jour les haines des
classes de la société les unes contre les autres; la bourgeoisie
sentant sa position acquise continuellement menacée par le prolétariat, le prolétariat redoutant un nouveau servage auquel les
classes supérieures exaspérées pourraient tenter de le soumettre.

Les bases de la production et de la richesse d'un pays sont
l'intelligence, le capital et le travail corporel. Le capital et l'intelligence ne sont donc pas tout; l'intelligence, ferment sublime,
centuple la puissance, mais, pas plus que le capital, elle ne crée
la force initiale qui réside entière dans le travail directement
accompli par les muscles de l'homme. Le métal qui forme les
machines les plus merveilleuses, le combustible qui les alimente
sont le résultat d'un certain nombre de coups de marteau, d'un
certain nombre de coups de pioche qui nécessitent l'effort du bras
humain.

L'homme-machine, l'homme-outil, l'homme-bête de somme peuvent se suffire eux-mêmes, ce sont eux qui ont nourri l'antiquité,
le moyen âge, qui nourrissent encore l'humanité entière; et
tandis que la richesse et l'intelligence perçoivent un intérêt qui se
solde par bien-être et avenir assuré, les classes laborieuses, qui
n'ont que leurs muscles pour capital, qui, comme les deux forces
précédentes, concourent au progrès, à la civilisation, n'obtiennent
de leur travail que la faculté de vivre, intérêt insuffisant! Il est
temps d'appliquer les principes de fraternité et d'égalité, de faire
de la force physique la sœur et l'égale de l'intelligence et du
capital, la liberté maintenant à ceux-ci la prépondérance et la
part qui leur sont justement dues.

Hâtons-nous, car les populations rurales qui par le labeur corporel direct assurent l'alimentation du pays, préservées jusqu'à
ce jour de la fermentation socialiste, comprennent leur importance dans la société et commencent à pressentir et à espérer
un changement de situation; hâtons-nous, car les grèves agricoles
en Angleterre présagent des tempêtes certaines et terribles pour
notre pays.

La solution du problème social par la retraite civile est encore nécessaire pour arrêter notre pays sur le bord de l'abîme ; car tandis que croissent les forces militaires et le besoin de conquêtes chez les nations avec lesquelles la France peut entrer en lutte, l'amour du pays, le patriotisme, s'affaiblit chaque jour dans les classes aisées et le prolétariat français.

Dans les classes aisées, parce que, troublées incessamment dans la propriété des biens et des richesses obtenues à l'aide d'un labeur continu, elles n'ont plus aucune garantie de sécurité ; parce qu'une guerre étrangère leur paraît moins redoutable que les assauts réitérés du prolétariat ; parce que, exaspérées d'une crise sans trève, l'intérêt de la conservation pourrait à un moment donné les pousser à imposer l'ordre à tout prix, fût-ce même à l'aide des baïonnettes étrangères !

Le patriotisme disparaît chez le prolétaire, parce que n'étant pas lié directement à l'honneur du pays, il est à la veille de se désintéresser d'une lutte avec l'étranger qui mettrait la nationalité en péril ; parce que poussé par son intérêt qui est la solution du problème social, n'ayant pas la perception de la solution vraie, patriotique, nationale, qui est la solidarité par la retraite civile, guidé par des hommes sans valeur politique, nous l'avons vu pendant la commune de 1871, par la destruction de la colonne Vendôme, monument de gloire nationale, faire des avances à l'étranger qui foulait le sol de la patrie ; nous l'avons vu accepter des idées ineptes, en ce qu'elles cherchent la solution du problème social par la fraternité européenne, tandis que la fraternité européenne ne peut être que la conséquence de la solidarité préalablement établie entre citoyens de chaque nationalité ; nous avons vu le prolétariat conduire la France à l'abîme par l'appât d'une guerre glorieuse de conquêtes faciles en France, que ses chefs offrent à l'avidité des gouvernements étrangers : appât tentant, car guerre heureuse, conquêtes, sont les dérivatifs de la question sociale qui les étreint eux aussi, et pour laquelle, pas plus que nous, ils ne possèdent de solution.

La solution du problème social par la retraite civile est nécessaire, car la force et la religion, ces deux freins qui sembleraient devoir arrêter notre pays dans sa chute, sont tous deux impuissants.

La force, exercée fatalement par une dictature, parce qu'elle ne peut avoir qu'une durée limitée, qu'elle ne peut être qu'un temps d'arrêt.

La religion, parce que le prolétariat la hait et que la cause de cette haine, c'est précisément la question sociale non résolue qui l'a fait naître et qui l'entretient, que le clergé, aux yeux du prolétaire, est l'ennemi direct des idées liberté, égalité, fraternité, et par conséquent du problème social.

Cette haine, qui s'est manifestée par le massacre des malheureux prêtres pris comme otages pendant la Commune, qui menace d'être terrible dans les commotions que l'avenir nous réserve, cessera lorsque les principes de 89 prévaudront, lorsque la solidarité sera implantée dans nos idées, dans nos mœurs, que le temps l'aura consacrée. Il arrivera alors ce qui est arrivé à la bourgeoisie méfiante sous les règnes de Napoléon Ier, de Louis XVIII, de Charles X, et pendant la première partie du règne de Louis-Philippe, tant qu'elle a redouté l'influence du prêtre contre les idées liberté, égalité; mais qui, du jour où ces idées eurent tellement pénétré les différentes classes de la société, qu'elles purent être considérées comme enracinées dans la nation, conçut pour le clergé sinon de l'affection au moins de l'estime. Lorsque le principe de la solidarité aura reçu du temps la consécration qui assurera son plein épanouissement, le prolétariat n'ayant plus intérêt à être anti-religieux, cessera d'être hostile, et individuellement le prolétaire suivra l'impulsion de son tempérament.

Ainsi que nous venons de l'exposer, la société est menacée directement par ce qui devrait constituer sa force. La richesse publique, le développement industriel, l'instruction vulgarisée, le bien-être accru, sont et deviennent dans l'état social actuel les causes d'une désagrégation et d'une dissolution prochaine; le patriotisme périclite chaque jour aussi bien dans les classes aisées que dans le prolétariat; la dictature et la religion sont impuissantes à arrêter le pays sur l'abîme; la nationalité est à la veille de sombrer.

La nécessité d'une solution s'impose.

Pour être logique, il faut détruire l'industrie, renier les principes de liberté et d'égalité qui perdent notre pays, renier les principes de 89, renier l'idée chrétienne, rendre possible et rétablir le servage, ou bien au contraire, et là sont la vérité et le salut, suivre la voie tracée par nos pères, prendre pour guide et pour flambeau l'idée chrétienne, admettre et consacrer enfin le troisième principe de 89, la fraternité, qui est et sera le couronnement de l'œuvre de nos devanciers.

Le moyen pratique, l'expression pratique du principe de fraternité, c'est la solidarisation des intérêts des différentes classes de la société, la fusion de ces divers intérêts obtenue par *la retraite civile égale pour chaque citoyen, l'âge de la retraite et le* quantum *de la retraite, corollaire et conséquence de la richesse publique ;* telle est la seule solution capable d'éteindre les haines qui s'accumulent, et de resserrer en un faisceau compacte toutes les forces vives de la nation qui s'égrènent chaque jour davantage.

LA SOLUTION DU PROBLÈME SOCIAL PAR LA RETRAITE CIVILE EST SUFFISANTE

Elle est suffisante, parce qu'elle assigne aux aspirations vagues, et par conséquent dangereuses du prolétariat un but tangible et moralisateur.

Parce que tous les citoyens riches ou pauvres ont un même intérêt à la retraite civile : le riche aujourd'hui heureux peut-être un jour d'avoir le pain de sa vieillesse assuré. Parce qu'elle est bien l'expression de la fraternité : le riche parvenu à l'âge de la retraite contribuant et ayant contribué toute sa vie pour une large part à la retraite de ses concitoyens moins fortunés.

Elle est suffisante parce qu'elle est un gage de paix sociale, en rattachant directement le prolétariat à l'ordre, par le lien le plus puissant, l'intérêt ; elle est une garantie de sagesse politique, parce que le prolétaire guidé par son intérêt repoussera les charlatans politiques et choisira pour ses représentants les spécialistes les plus distingués dans l'agriculture, le commerce, l'industrie, capables d'imprimer aux affaires du pays la marche la plus propre à réaliser un accroissement de richesse, dont la conséquence sera une retraite plus élevée.

Elle est suffisante, parce que tous les citoyens, jusqu'alors *égaux seulement devant les charges imposées par l'État*, deviennent pour la première fois, depuis que le monde existe, *égaux à un moment donné devant la richesse générale.*

Elle est suffisante, parce que le jeu régulier des institutions qui nous régissent, l'ordre, la stabilité, devient immédiatement l'intérêt principal du prolétariat, Est-ce que l'actionnaire cherche à saper l'industrie dans laquelle son capital est engagé? est-ce que l'employé associé aux bénéfices de la maison pour laquelle il travaille, désire son effondrement, sa chute? son intérêt n'est-il pas lié à la prospérité de l'œuvre à laquelle il coopère? n'en sera-t-il pas de même d'un prolétaire vis-à-vis du gouvernement établi, lui dont l'avenir assuré par la législation doit être en raison du degré de richesse, de puissance, de stabilité de la société?

Comprise et réalisée, la retraite civile deviendra la chose des populations rurales, qui déploieront alors pour la conserver et pour protéger le gouvernement qui la leur donnera, l'énergie qu'elles montreraient à la défense de leurs propriétés menacées.

Cette loi de solidarisation égalitaire est suffisante, parce qu'elle est supérieure à la charité dont on a préconisé à tort la puissance bienfaisante.

La charité, admirable dans ses résultats, lorsqu'elle est exercée par les particuliers, est désorganisatrice lorsqu'elle est exercée par l'Etat. Les principes de liberté et d'égalité la font repousser par la partie du prolétariat qui a conscience de sa dignité. Tentée il y a dix-huit cents ans par les empereurs romains, elle a été funeste. N'était-ce point une tentative sérieuse de charité par l'Etat que ces grandes distributions de vivres, faites périodiquement à Rome? Tous les écoliers connaissent le déplorable effet du *panem et circences* sur la populace romaine; l'histoire prouve que la charité élevée par l'Etat à la hauteur d'une institution est une cause de dégradation, une source de faiblesse et de désorganisation.

Quelle influence n'aurait pas aujourd'hui le clergé français s'il avait vu juste, s'il était resté gallican, et si depuis quatre-vingts ans, au lieu de chercher la solution du problème social par la charité, il l'eût cherchée par la fraternité ?

Mais, dira-t-on, puisque l'Etat se charge du sort des vieillards, les enfants seront déliés de toute obligation vis-à-vis de leurs parents. Erreur ! Car le vieillard ne possédant que la retraite, considéré comme indigent, restera à la charge de ses enfants. Les lois existantes continueront à être en vigueur.

Mais, dira-t-on, le prolétaire ayant une retraite certaine n'aura plus intérêt au travail, à l'économie. Erreur encore ! Car la retraite, minimum pour assurer l'ordre moral et matériel, s'appliquant à tous les citoyens, ne saurait satisfaire ce désir, ce besoin, cette ambition de supériorité inhérents à la nature humaine, et le besoin de parvenir à une position plus brillante que celle de son voisin, le désir d'acquérir une plus large part de bien-être, assurent à jamais la permanence du travail et de l'économie.

Mais, prétendra-t-on, une retraite à un âge avancé ne saurait satisfaire des appétits qui exigent une jouissance immédiate?

Il est certain que les révolutionnaires proprement dits ne seront pas désarmés, qu'ils tenteront encore l'assaut du gouvernement établi ; mais le nombre des soldats qui les suivront ne sera-t-il pas singulièrement diminué? Que pourraient-ils promettre de plus pratique que la retraite civile?... qu'ont-ils promis en juin 1848, en mars 1871 ?... Le prolétariat, qui, plus que toute autre classe de la société, a souffert de ces terribles insurrections, se rend parfaitement compte qu'il a été dupé, berné par des scélérats et des imbéciles.

Ceci est tellement vrai, que les bouleversements en France ont lieu tous les vingt ans. Ces bouleversements sont faits par la génération nouvelle qui, n'ayant pas souffert de la pré-cédente révolution, espère un changement de situation d'un nou-veau bouleversement. Or, la retraite civile étant assurée, con-sacrée par vingt années d'exercice, la génération nouvelle du prolétariat n'aura rien à gagner, mais tout à perdre d'une nou-velle révolution qui compromettrait tout à la fois le travail pré-sent et l'avenir assuré, avenir d'autant plus satisfaisant que l'ordre aura duré plus longtemps, sera plus stable. La nouvelle

génération prolétaire sera incitée à la conservation par le lien le
le plus puissant, l'intérêt ; et les prédications des meneurs ne
feront courir au pays qu'un péril illusoire, si la société qui aura
conquis l'ordre moral par la retraite civile sait imposer l'ordre
matériel par les deux lois dont nous avons parlé en commençant
cette brochure, que les gouvernements n'ont su ni concevoir ni
mettre en pratique :

1º Déportation sans possibilité de retour des récidivistes et des
condamnés à cinq années de prison pour crimes et délits de droit
commun.

2º Transport et maintien des pouvoirs législatif et exécutif
hors Paris.

Mais, dira-t-on encore, la solution par la retraite civile déplace
la question sans la résoudre ; le prolétariat en possession de cette
loi renversera le gouvernement pour obtenir une retraite plus
élevée à un âge moins avancé.

Un équilibre mathématique s'imposera nécessairement entre
le *quantum*, l'âge de la retraite et la richesse publique, équilibre
que le prolétariat n'aura aucun intérêt à fausser, car abaisser l'âge
de la retraite outre mesure, fixer le *quantum* trop haut, c'est
augmenter les impôts, et le prolétaire en paye sa large part.
Pour jouir a un moment donné d'une pension plus élevée, il
n'aura aucun intérêt à se restreindre dans le présent au delà
d'une certaine limite ; d'ailleurs le pays chaque année ne peut
supporter qu'une certaine somme d'impôts. Cette somme dépas-
sée, l'industrie générale souffre, l'impôt ne rend plus ce qu'il
doit donner et la retraite serait compromise.

On est en droit de conclure que cette dernière objection,
comme les précédentes, est sans valeur.

LA SOLUTION DU PROBLÈME SOCIAL PAR LA RETRAITE CIVILE
EST PRATIQUE ET D'UNE EXÉCUTION FACILE

Elle n'ébranle, ne détruit aucun des principes sur lesquels le
temps a fondé les sociétés, propriété, famille, religion : elle se
résout par une question d'impôt.

Parler d'impôts nouveaux après les désastres que la France a subis, lorsque le budget se solde en déficit, semble difficile, hasardé ; mais la question sociale nous enlace : nous en mourons. Il faut une solution à tout prix ; en fait d'impôts le *quantum* seul est important, et l'impôt de la retraite civile peut être minime d'abord : le point capital est de reconnaître le principe.

Quelques mots de statistique :

La France compte 38 millions d'habitants, sur lesquels

          2,570,000 ont 65 ans accomplis.
          1,300,000 — 70   —
            600,000 — 75   —
            417,600 — 77   —

Pour assurer une retraite de 200 francs à tout citoyen âgé de

          65 ans, il faudrait   514 millions.
          70   —   260   —
          75   —   120   —
          77   —   84   —

La somme d'impôts à établir varie avec l'âge et le *quantum* de la retraite ; le point capital, nous l'avons dit, n'est ni la question d'âge ni la question du *quantum*, mais la consécration du principe de la retraite civile.

Examinons quel pourrait être l'impôt de retraite dans trente ans en 1903 ?

La France en janvier 1874 paye environ 1 milliard d'impôts de plus qu'elle ne payait à la fin du règne de Louis-Philippe.

Ces impôts proviennent pour la plupart, de la conquête de l'Algérie, de la révolution de 1848, de l'expédition de Rome, des guerres de Crimée, d'Italie, de l'intervention en Syrie, des guerres de Chine, de Cochinchine, de l'expédition du Mexique, et enfin de la désastreuse campagne de 1870-1871.

La richesse de la France s'est tellement accrue depuis 1843, malgré ces expéditions qui n'ont été pour le pays qu'une perte sèche de richesse, qu'elle paye avec difficulté il est vrai, mais enfin qu'elle arrive à payer annuellement cette somme énorme de 1 milliard en plus. Est-il déraisonnable de penser qu'avec trente

années de paix même relative, la France ne soit en état de supporter en 1903 un impôt annuel de 1 milliard de plus qu'elle ne
paye aujourd'hui, en un mot que ce que la France a fait dans les
trente années qui viennent de s'écouler, malgré les sommes énor-
mes d'argent gaspillées, improductives, elle ne soit capable de le
faire à la suite de la période trentenaire qui s'ouvre devant elle?
Cette supposition est d'autant plus probable, que la richesse du
pays suit une véritable progression géométrique, car l'accroissement de la richesse publique pendant les trente-six dernières
années a été quadruple ou quintuple de l'accroissement de richesse
des trente-six premières années du siècle; cette progression est
une loi naturelle, qui dépend et reçoit son complet développement
de la stabilité du gouvernement et de la paix extérieure plus longtemps maintenue.

Il est donc logique de penser que dans trente années, en 1903,
la France pourra solder facilement une somme de 514 millions de
retraites, somme suffisante pour donner 200 francs à tout citoyen
âgé de 65 ans, mais qu'elle pourrait même lui assurer alors 300
et 400 francs de retraite.

N'est-il pas évident que dans trente ans, en 1903, les Français
de 20 et 25 ans, ceux que l'ardeur de leur âge et de leurs passions
jette dans tous les mouvements politiques, dans toutes les insurrections, voyant leurs pères jouir d'une pension minimum de
200 francs, comprendront que l'âge de la retraite pour eux ne sera
plus 65 ans mais probablement 60 ans, que le chiffre ne sera
plus 200 francs, mais bien 300, 400 francs?

N'est-il pas évident qu'ils comprendront que leur intérêt est lié
directement à la richesse du pays, à la stabilité du gouvernement
établi? qu'ébranler cette stabilité, troubler l'ordre, c'est risquer,
compromettre leur avenir assuré?

ÉTAT DE LA FRANCE EN 1873 SI LES GOUVERNEMENTS PRÉCÉDENTS
AVAIENT CONNU LA SOLUTION DU PROBLÈME SOCIAL

Les causes qui ont porté les gouvernements successifs depuis
quarante ans les ont même contraints à entreprendre: conquête de

l'Algérie, expédition de Rome, guerres de Crimée, d'Italie, intervention en Syrie, guerres de Chine et de Cochinchine, guerre du Mexique, guerre de 1870-1871 contre la Prusse. Ces causes proviennent, chez les souverains, de deux ordres d'idées :

1º Désir de satisfaire le sentiment national, épris encore, quoique à un moindre degré de gloire militaire, sentiment vif dans les grades élevés de l'armée, mais qui s'affaiblit chaque jour chez le soldat; nécessité d'affermir, de consolider la dynastie qui doit trouver un point d'appui puissant chez les nouveaux parvenus aux honneurs militaires ;

2º Impérieux besoin de détourner les esprits de la question sociale, qui menace le trône et les classes aisées, problème pour lequel le gouvernement ne possède aucune solution, question d'autant plus pressante que l'industrie et la richesse du pays sont plus prospères.

Cette idée est capitale ; c'est elle qui fit accueillir favorablement les entreprises du second Empire. Les représentants de la nation ne disaient-ils pas alors que, peu partisans de la nouvelle expédition dans laquelle le gouvernement entraînait le pays, car elle se traduirait par de nouveaux impôts à établir, ils y adhéraient en présence de la question sociale qui s'accusait de plus en plus, ils y adhéraient sous la pression de ce problème qui menaçait de tout engloutir, problème sans solution; c'est la préoccupation constante de ces idées chez le souverain qui, à l'aurore de son règne, avait dit : « L'Empire, c'est la paix! » C'est cette préoccupation qui l'a fatalement entraîné aux expéditions à la suite desquelles la dynastie a sombré et dont la France supporte les désastreuses conséquences. Cette situation imposée par le problème social non résolu a fait de la guerre extérieure une nécessité pour tous les gouvernements que le pays a possédés depuis le commencement du siècle ; elle a été la cause de la désaffection des peuples étrangers, et explique leur peu d'empressement à nous secourir, la satisfaction même qu'ils ont ressentie de notre chute.

Il est en outre évident pour tout esprit impartial que, sans solution du problème, cette impérieuse nécessité de la guerre étrangère s'imposera de nouveau à tous les gouvernements que l'avenir réserve au pays, aussitôt que la France aura recouvré ses forces, que l'industrie et la richesse nationales auront repris leur essor.

On est en droit de conclure, des considérations précédentes, que si, depuis trente ans, les différents gouvernements avaient été imbus de la nécesité d'nne solution à la question sociale, s'ils avaient connu cette solution, si elle avait été le but constant de leurs efforts, la plupart de ces guerres ruineuses auraient été évitées, et que la somme colossale d'un milliard d'impôts que la France paye en plus qu'elle ne payait en 1843 pourrait être employée aujourd'hui aux retraites civiles.

Il s'en suivrait qu'en 1873, tout citoyen français âgé de soixante-cinq ans aurait une retraite de 300 francs ; que tout Français âgé aujourd'hui de vingt-cinq ans serait certain d'avoir une retraite de 300 francs non plus à soixante-cinq ans, mais à soixante ans.

N'est-il pas évident que, dans une pareille situation, il n'y aurait pas en Europe un peuple plus homogène, animé d'un patriotisme plus ardent, plus foncièrement conservateur que le peuple français ?

Eh bien, ce que nos pères ont conçu mais n'ont pu réaliser en 89 c'est à nous qui possédons la solution de la question sociale de l'accomplir ; c'est à notre génération qu'il appartient de résoudre le problème, de faire entrer dans la législation le troisième terme de la formule républicaine, fraternité ; c'est à nous de sceller l'union des races conquérantes et des races conquises qui forment la nation ; c'est à notre génération qu'il appartient de confirmer l'absorption des Francs par les Gaulois, absorption commencée dès les premiers siècles de l'ère chrétienne, bien avancée par les lois égalitaires et libérales qni nous régissent, et qui n'attend plus que la loi fraternelle, la loi de solidarité, pour être complète : dernière loi qui, assurant l'homogénéité et la cohésion de la race française, lui assurera pendant longtemps encore la prépondérance sur les autres peuples de l'Europe moins avancés en civilisation.

Commençons avec les ressources dont nous pouvons disposer quelque minimes qu'elles soient ; décrétons la retraite civile à soixante-quinze ans, à soixante-dix-huit ans, à quatre-vingts ans même si nous ne pouvons le faire plus tôt, mais commençons, agissons !

C'est à vous tous hommes de bonne volonté, n'appartenant à aucun parti, fatigués, dégoûtés de la politique, vous le cœur et le sang de la nation, vous qui comprenez l'impuissance actuelle à rien fonder de stable, vous la majorité du pays, c'est à vous de dicter au gouvernement la ligne de conduite à suivre; c'est à vous d'éteindre les haines qui nous divisent, de réunir en un faisceau compact les forces vives de la nation, de les contraindre à concourir toutes à la prospérité du pays par l'établissement de la retraite civile; c'est à vous hommes de vingt ans à seconder le gouvernement et les classes éclairées dans leurs efforts, car vous travaillez directement pour vous-mêmes; vous pouvez vous assurer dès aujourd'hui une retraite pour votre vieillesse ; votre bien-être, votre avenir seront la récompense de votre sagesse, de votre persévérance !

CONSÉQUENCE DE LA SOLUTION DU PROBLÈME SOCIAL PAR LA RETRAITE CIVILE

Le problème social résolu a une portée plus considérable, une portée immense : il tue l'association internationale fondée et basée sur des idées complétement fausses, il la détruit et la remplace en conduisant sans secousse le prolétariat aux résultats qu'il espère.

Quel est le but de l'association internationale, sinon la solution du problème social cherchée par le prolétariat français aux abois et qu'il croit trouver par la fraternité du prolétariat européen? Danger imminent; car plus cette association grandit, prospère chez les peuples étrangers, plus elle menace directement leurs gouvernements, plus ces différents gouvernements seront portés à se servir de palliatifs puissants pour se sauvegarder; et quel palliatif plus énergique qu'une guerre avec la France pays riche, actuellement désemparé, sur lequel la lutte et l'antagonisme des différentes classes de la société assurent victoires faciles, conquêtes certaines.

Le principe de retraite civile égale pour tous les citoyens, l'âge de la retraite, le *quantum* de la retraite, conséquences et corollaires de la richesse publique admis, pratiqué en France, rayonnera dans un temps donné sur l'Europe, s'y implantera peu à peu, forcera les gouvernements européens et les classes dirigeantes de chaque pays à le mettre en pratique, les contraindra à chercher directement la grandeur de leur nation dans la plus grande somme de bien-être répartie à chaque habitant, fera repousser les idées d'agrandissement extérieur de conquêtes, rendra plus rares les guerres entre nations européennes qui sont de véritables guerres civiles et conduira peu à peu au désarmement, à la paix européenne, à la fraternité universelle ; idée conçue par la philosophie et par le sentiment chrétien, après laquelle aspire le prolétariat, sur qui pèsent si lourdement les charges de la guerre.

Cette solution du problème social pratiquée dans notre pays rendra à la France le grand rôle philosophique, chrétien, initiateur, qu'elle a conquis dans l'histoire de l'humanité et de la civilisation ; et l'ensemble des institutions françaises tout à la fois libérales, égalitaires, fraternelles, seront les modèles, les exemples que voudront suivre les nations civilisées.

Elle rendra à notre pays la suprématie perdue, et nous assurera une puissance et une richesse considérables ; car tandis qu'en Angleterre, en Allemagne, en Russie, en Italie, en Espagne, l'absorption des races conquérantes par les races conquises n'est pas encore complète, que les idées de liberté et d'égalité n'ont pas encore prévalu, tandis que ces peuples ont des efforts longs et laborieux à faire pour se dégager des institutions païennes qui les enlacent, nous, Français, nous jouirons depuis plus longtemps de l'ordre moral et matériel, nous aurons une plus grande force d'homogénéité et de cohésion assurée par la pratique des principes chrétiens et républicains : Liberté, égalité, fraternité.

CONCLUSION

Etablir l'ordre matériel par *le transport et le maintien des pouvoirs législatif et exécutif hors de Paris et par la déportation sans possibilité de retour des récidivistes et des condamnés à cinq années de prison pour crimes et délits de droit commun.*

Etablir l'ordre moral par la loi de solidarité, formulée par *la retraite civile égale pour tous les citoyens, l'âge et le* quantum *de la retraite, corollaires et conséquences de la richesse publique.*

Telles sont les lois, qui, dans un temps relativement court, transfigureront la société française.

Puissent ces vérités, dont l'esprit si fin et si subtil de la nation a le pressentiment et l'intuition inconsciente, trouver enfin un gouvernement intelligent pour les appliquer! elles assureront à notre bien-aimée patrie la puissance matérielle et la supériorité morale auxquelles plus que toute autre nation de l'Europe la France a le droit d'aspirer.

Notre pays depuis quatre-vingts ans est entièrement dominé par la question sociale. Mais, hommes éclairés et de bonne foi, qui comprenez que la République est la forme la plus élevée, la plus rationnelle de gouvernement, qui la désirez pour votre pays, ne vous leurrez pas de l'exemple de l'Amérique, peuple neuf, sol vierge; elle vient seulement d'abolir l'esclavage, la question sociale ne fait que de poindre chez elle, problème pour lequel une solution immédiate n'est pas nécessaire, car elle possède pour longtemps encore le palliatif le plus puissant : la terre à bon marché; l'hectare vaut dix francs : tout citoyen américain peut devenir propriétaire.

Interrogez l'histoire, vous verrez toutes les Républiques antiques, toutes les Républiques du moyen âge, fondées sur un sol riche ayant un grand commerce, une grande industrie, chez lesquelles le luxe et la richesse se sont développés, péricliter puis périr par l'antagonisme des intérêts des différentes classes, par l'absence de toute loi de solidarité.

Ne croyez pas pouvoir fonder rien de stable sans la solution du troisième terme : fraternité, car pour la France actuelle république n'a pas d'autre signification. Et vous libéraux à quelque parti que vous apparteniez, soyez persuadés que si la solution du problème social n'est pas trouvée, appliquée, réalisée, ce ne sera ni la monarchie constitutionnelle, ni l'empire libéral qui arracheront notre pays à l'abîme béant où il roule ; la dictature elle-même, entre des mains intelligentes, serait à peine assez puissante non pour empêcher la nation de périr, mais seulement pour l'arrêter quelques années encore dans sa chute.

Mais si vous tous, petits-fils de la grande génération de 89, libéraux, républicains, patriotes de toute opinion, vous, les pères, les oncles, les frères des héros de Borny, de Gravelotte, de Saint-Privat, vous tous que le point d'honneur et la générosité du sang ont poussé sans espoir dans cette sanglante et folle mais héroïque campagne de 1870-1871, vous qui avez accompli ce qu'aucun autre peuple de l'Europe n'aurait eu l'énergie de faire, si vous avez la sagesse de cicatriser les plaies de la patrie par la loi chrétienne de la fraternité, exécuteurs et continuateurs des idées conçues par vos pères, en moins d'un siècle vous aurez fait franchir à votre pays l'abîme qui sépare le servage de la solidarité ; en moins d'un siècle vous aurez opéré par *l'égalité devant l'impôt et par l'égalité devant la richesse publique*, la plus merveilleuse transformation sociale qui ait eu lieu dans l'humanité depuis que l'homme existe ; vous serez bien la grande nation, car la France rayonnante de force et de richesse, phare lumineux, éblouira et dirigera le monde par la sagesse, la justice et la splendeur des immortels principes chrétiens et républicains :

LIBERTÉ, ÉGALITÉ, FRATERNITÉ

TABLE DES MATIÈRES

Imp. Moderne (Barthier, dʳ), rue Jean-Jacques-Rousseau, 61.